AF191882

Liefde, dood en serene dagen

Andreas Müller

Impressum

Bibliografische Information der Deutschen
Nationalbibliothek: Die Deutsche
Nationalbibliothek verzeichnet diese Publikation in
der Deutschen Nationalbibliografie; detaillierte
bibliografische Daten sind im Internet über
www.dnb.de abrufbar.

Verlag: BoD · Books on Demand GmbH,
In de Tarpen 42, 22848 Norderstedt, bod@bod.de
Druck: Libri Plureos GmbH, Friedensallee 273,
22763 Hamburg
ISBN: 978-3-8423-6743-2

Er is geen ik.

~

De hoop is dat er ergens iemand is die het weet. De hoop is dat er ergens een antwoord is en dat iemand dit antwoord heeft gevonden. Maar er is niemand. Er bestaat noch iemand in jou, noch iemand buiten jou die het zou kunnen weten. Er is gewoonweg niemand.

Het wonder van deze boodschap is dat er helemaal geen boodschap is. Er is noch iets te realiseren, noch iets te bereiken. De persoon die dit gelooft en probeert heeft geen realiteit. Deze bestaat niet. Wat schijnbaar kan gebeuren is de ervaring een persoon te zijn. Maar het is juist deze ervaring die illusionair is. Dit kan noch worden begrepen, noch door de persoon worden ervaren, deze bestaat immers niet.

De hele zoektocht - inclusief de spirituele zoektocht - vindt plaats binnen deze ervaring van het 'iemand' zijn. Het is het schijnbare zelf dat zichzelf ervaart en naar eenheid zoekt.

Als 'ik ben' sterft, sterft de zoektocht. Het wonder is echter dat er in het sterven niets sterft. Het wonder is dat er niemand is die kan of moet sterven.

'Ik ben' is niet echt. Dat 'ik moet zoeken' is de droom. Er is daar niemand. Wat schijnbaar blijft is wat schijnbaar gebeurt. Dat is het en dat is volledig. Er is niets anders, dat is het wonder.

´Wat is' laat zich niet beantwoorden. Wie zou kunnen weten dat deze kamer bestaat? Wie zou kunnen weten of er achter deze muur niets meer is?

~

Geest is bewustzijn en daarmee illusionair. Deze is dat wat schijnbaar gebeurt, maar heeft geen eigen onafhankelijk bestaan. Geest is niet-iets.

~

Alles is leeg en tegelijkertijd vol. Echter voor niemand. Bewustzijn dat invullingen geeft is al illusionair. Er bestaat noch een echt bewustzijn, noch een echte verschijning of echte invullingen. Zodra 'ik ben' verschijnt, verschijnt de illusie van een wereld.

Er bestaat geen 'goddelijk spel'. Wat is, is niet kenbaar en voorbij zijn of niet-zijn.

~

Voorbeschikking is illusoir, omdat er geen werkelijk verloop in tijd bestaat. Maar dat wat schijnbaar gebeurt is nu eenmaal zoals het gebeurt. Niemand die heeft gekozen of besloten. Het is niet 'gedaan', het is ongegrond - en toch is het alles.

~

Het is de natuurlijke realiteit, in zoverre hoeft en kan niemand het zich herinneren.

Dat wat is, is zich niet bewust van zijn bestaan. 'Het' is eenvoudigweg. Net zoals een bloem zichzelf niet ervaart, ervaart het 'zijn' zichzelf ook niet. Er bestaat geen 'grote intelligentie' als zou dit een 'waar groot principe' betreffen. Dat wat is, is niet kenbaar in de zin van ervaarbaar of begrijpbaar.

~

Niets heeft ooit bestaan.

~

Bevrijding is wanneer zelfs de getuige of het getuige zijn wegvalt, ook wel de getuige illusionair blijkt te zijn. Er kan een schijnbare getuigenis zijn. Dit zou echter zijn wat er schijnbaar gebeurt, en niet dat wat ik ben. Het zou als het ware illusoir zijn en voor niemand gebeuren. Bewustzijn is niet echt, maar dat wat schijnbaar gebeurt (als het gebeurt) - voor niemand.

Ik kan niets aanbevelen. Elke aanbeveling zou worden gedaan met het oog op een aanvullende, persoonlijke realisatie. Maar die is illusoir. Het 'zijn' is immers alles al. Het kan noch worden bereikt noch bewust worden gedaan.

~

Dat is het misverstand met dit 'wees het zijn'; er is enkel 'zijn', maar niemand die het bewust kan doen of kan zijn. Je bent al 'zijn'. Dat is al de perfecte realisatie. Er bestaat echter geen gerealiseerde! Het kan niet gedaan worden omdat het al is.

~

'Ik ben' - dit kunstmatige centrum dat zichzelf ervaart als 'hier en nu' - heeft geen werkelijkheid.

Er is geen specifieke rol of functie. Alles is gewoon zoals het is - zonder functie of rol.

~

Vanuit het perspectief van 'ik ben' is bevrijding niets anders dan de afwezigheid van de ervarende, d.w.z. diepe slaap of dood. Eigenlijk meer als dood - je kunt immers nog steeds ontwaken uit een diepe slaap...? Zien, horen, enz. functioneren heel normaal - en toch is er geen ervaring van 'in het lichaam zijn' en van daaruit 'naar buiten kijken'. Aangezien niemand kijkt, wordt er niets gezien!

~

'Ik' en 'niet-ik' zijn ideeën die ontstaan uit de illusie dat deze eerste aanwezigheid werkelijk is. Niettemin, aanwezigheid noch afwezigheid bestaan als zodanig. Dit heeft echter niet alleen betrekking op de schijnbare persoon, maar op alles. Alles is er en is er niet, is echt en onecht. En zelfs als je 'alles' zegt, is dat al een verhaal.

Als je de zoeker zoekt, zul je hem niet vinden. Er blijft daarin iets dat gewaar is. Er blijft daarin iets dat zich ervan gewaar is dat er geen zoeker is. Dit is het gewaarzijn dat zichzelf herkent.

De reden waarom het zoeken niet eindigt, zelfs wanneer een persoon niet gevonden wordt, is dat dit laatste gewaarzijn - dit kleine restant van aanwezigheid - de zoeker is.   Ook dit schijnbaar zelfbewuste gewaarzijn is illusionair. De zoeker acht zichzelf als onvindbaar, maar blijft toch over als een schijnbare aanwezigheid. Welk een misverstand is dit. Dit zuivere gewaarzijn - vanuit het gezichtspunt van de persoon, de eeuwige onlosmakelijke aanwezigheid - is illusoir. In het schijnbare uitdoven hiervan eindigt de zoektocht - niet omdat er iets gevonden is. Deze eerste aanwezigheid blijkt niet te bestaan en wordt daarmee de laatste.

Ieder idee van een einde aan de illusie is een illusie.

~

Bevrijding is geen concept. 'Leven' is geen concept.
Het is eenvoudig dat wat schijnbaar gebeurt. Het is
volledig, heel en in harmonie - precies zoals het is.
Het werkt niet aan verlichting of bevrijding.
Het is al vrij om precies dat te zijn wat het is.

~

Harmonie is de natuurlijke realiteit. Alles is op
natuurlijke wijze zichzelf.

Het 'zijn' kan zichzelf niet vergeten, juist omdat het zich niet bewust is van zichzelf.

~

'Ik ben' leeft schijnbaar in verhalen. Het denkt en denkt en denkt - en stelt zich zo een wereld voor die niet bestaat.

~

Het lichaam wordt niet vanuit het 'zijn' geprojecteerd - het lichaam is het 'zijn' als lichaam. In zover wordt (en was) het lichaam nooit iets werkelijks.

Zolang het dat is wat gebeurt, kan het niet worden opgeheven. Een illusie kan zichzelf immers niet opheffen, dat is onmogelijk.

~

Er bestaat niet zoiets als een persoon. De beleving 'iemand' te zijn is illusionair en lijkt op een droom. Het wonder is dat het geen bestaan heeft. Het bestaat dus niet eens als droom. Dat kan niet worden uitgelegd of worden begrepen.

~

Tegelijk met de illusie 'iemand' te zijn verschijnt de illusie van een wereld. Vanaf dat moment schijnt ervaring plaats te vinden. Gedachten 'creëren' de illusie van een wereld 'daarbuiten' en/of 'daarbinnen'. Er is echter noch een persoon noch gedachten die een wereld creëren - anders zou er immers weer 'iets' zijn.

Er is geen aanwijzing en geen advies. De zoeker is illusionair en zo ook alles wat hij denkt te moeten doen of te laten. Er is geen doel en daarom geen juiste of verkeerde weg. Dat is de vrijheid.

~

'Het' is niets én alles. Of geen van beide. Je kunt hier niet tussen kiezen. En in het midden blijven - tussen niets en alles - werkt ook niet. Zelfs de aanname dat er ergens een 'het' bestaat, maakt al deel uit van de droom. Dat wat denkt te begrijpen heeft geen substantie. Daarom is er geen begrip van.

~

Al deze vormen 'zijn' als deze vormen. Er is niets anders.

Er bestaat geen werkelijke verandering.

~

Wanneer de illusie van zelfbewustzijn zich voordoet, is het dat wat schijnbaar gebeurt. Het (schijnbare) verschijnen kan niet worden voorkomen, want er is niemand die het zou kunnen voorkomen. Het is ook niet verkeerd. Het einde ervan is weliswaar bevrijding, maar evenmin 'doenbaar'.

~

Ik zie niets omdat er niemand is die kijkt. 'Zien van dingen' lijkt te gebeuren, maar voor niemand. Er is niemand die achter de ogen zit en uit het lichaam kijkt. Omdat er niemand kijkt, wordt niets gezien.

Er is niemand die niet ziet en er zal niemand zijn die ziet. Er is geen persoon die een ziende persoon wordt. Dit 'ik' is niet echt. 'Niet zien' is niet echt. Bevrijding - wat een verhaal is - is het einde van de illusie dat er iets te zien is. En toch - dit einde is niet 'doenbaar'. Niemand leeft - en niemand sterft. Niemand is 'niet ziende' en niemand ontwaakt.

~

Het zijn niet de gedachten die alles echt doen lijken. Het is het schijnbare ik dat gedachten als een afgescheiden iets ervaart en de inhoud ervan gelooft.

~

Dat er zoiets bestaat als een zelf dat zich gewaar is van zichzelf is de illusie. Zelfkennis is een droom, want er is geen zelf dat zichzelf zou kunnen kennen. Dat wat schijnbaar gebeurt is op wonderlijke wijze zowel onbekend alsook niet kenbaar. Er is daarin noch een vinden, noch een aankomen en kennen. 'Wees jezelf!', wil je roepen en verblijf daarbij in stilte. Wie zou of moet 'jezelf zijn' doen? Is het niet reeds dat wat schijnbaar gebeurt?

De aanname dat er een afzonderlijk levende persoon bestaat, is al de droom. Er is noch een afzonderlijk persoon, noch iemand die zich daarvan gewaar zou kunnen zijn.

~

In zekere zin is alles bepaald. Wat 'vooraf' ging is een verhaal dat niet echt nodig is. Omdat alles is zoals het is - en omdat er niemand is die het doet - is alles 'bepaald' en in zekere zin dus ook 'voorbestemd'. Gelijktijdig is er geen echt gebeuren in de zin van 'bepaald' of 'voorbestemd'. Boven alles is er niemand die bepaalt. Wanneer werk gebeurt, gebeurt werk. Zo niet, dan niet. Het is wonderbaarlijk eenvoudig: zijn en leven gebeurt al zoals het is. Niemand doet iets en niemand laat iets.

~

Wat schijnbaar gebeurt, is een richtingloos vallen zonder begin en zonder einde.

Het einde van de persoon betekent niets anders dan het einde van de ervaring 'iemand' of 'iets' te zijn. En: het 'einde van de persoon' is een verhaal. Er is geen persoon die zou kunnen eindigen.

~

De vanzelfsprekendheid dat er helemaal geen persoon is, is ook het einde ervan.

~

'Ik ben' is zelfbewustzijn dat iets of een moment ervaart. In dit opzicht lijkt het 'dieper' te zijn dan gedachten.

Het wonder is dat 'het' precies is zoals het is - zonder reden. Zo bezien is er geen bron waaruit alles ontspringt. Wat is, is bron en verschijning gelijktijdig.

~

Ook gedachten zijn dat wat schijnbaar gebeurt. Het 'dilemma' is dat er geen begrijpelijk of bevredigend antwoord is. Er zijn geen antwoorden op de 'W'- vragen. Er is geen antwoord op dat wat schijnbaar gebeurt. En dus deze: 'er is niemand' en 'dit is wat schijnbaar gebeurt' zijn niet eens doodslagargumenten. Ja, schijnbaar leiden deze elke zoektocht tot in het absurde en toch zijn ze niet in staat om de zoekende energie 'zelf' te beantwoorden.

~

Dat 'iemand' een ziende kan worden is een verhaal.

Zelfbewustzijn ('ik ben') is de illusie. Iedere ervaring van de werkelijkheid vindt plaats binnen deze ervaring. Er is echter geen werkelijk of een echt zelf dat bewust zou kunnen zijn. 'Wat is' gebeurt schijnbaar buiten het bewustzijn en is daarom onherkenbaar. En toch is het niet verborgen, want 'wat is' is alles!

'Ik ervaar iets' is de schijnbare illusie.

~

Bevrijding is geen toestand, want in bevrijding sterft degene die toestanden ervaart. Wat overblijft is dat wat schijnbaar gebeurt - maar voor niemand! De gepassioneerd mediterende is de illusie. In zijn poging te bereiken, overleeft hij echter.

~

Er bestaat geen leegte.

Er is geen bevrijding en er is geen Andreas die bevrijd is. Andreas gebeurt - zo verlicht en/of onverlicht als hij is - voor niemand. Niemand maakt Andreas, en niemand leeft hem. Hij is niets anders dan Andreas. Schijnbaar simpel en eenvoudig, gewoon en menselijk.

~

Gevoelens en reacties zijn wat schijnbaar gebeurt. Er is niemand die zichzelf kan kiezen - en daarmee ook niet wat iemand raakt en wat niet. Verdriet verschijnt net zoals vreugde en lachen. Niemand doet het en niemand voorkomt het. Het is eenvoudig - ook al is het voor niemand.

~

Op de bank zitten en je iets 'voorstellen' is wat schijnbaar gebeurt (als het dat is wat schijnbaar gebeurt). Het is precies wat het is - en toch speelt het geen rol. Er is geen antwoord op de vraag wat echter is, want alles is echt en onecht. Echter zonder ooit iets anders te worden. Dit betekent dat alles precies is wat het is (een appel eten of je voorstellen dat je een appel eet), evenwel er is geen werkelijk kwalitatief onderscheid.

'Wat is' kun je niet zeggen, want het is niet iets. Je kunt niet eens zeggen wanneer het is, want het is tijdloos. Zelfs het 'nu' is illusionair. Wie kan het 'nu' ervaren? Er is niemand - en daarmee niet eens een werkelijk 'nu'.

~

Ik weet niet wie of wat ik ben. Er is niemand aanwezig die in de illusie leeft zichzelf te kennen. Er is geen zelf dat zichzelf kan kennen.

~

Het zoeken naar geluk eindigt met de dood van de zoeker.

Het schijnbare probleem is dat de persoon op zoek is naar een ervaring van 'waar geluk' - voor zichzelf natuurlijk. Daarbij bestaat er noch een persoon noch zoiets als 'waar geluk'. Dat wat schijnbaar gebeurt is op natuurlijke wijze al volledig. In die zin is vreugde de natuurlijke werkelijkheid, echter niet als ervaring. De poging om de ervaring van onvervuld zijn te vervangen door een ervaring van vervuld zijn is gedoemd te mislukken. Het dilemma is dat onvervuld zijn niet echt is - en dat iets als 'waar geluk' niet bestaat.

~

Er is geen komen en gaan, geen begin en ook geen einde. Wat schijnbaar gebeurt is alles. Tijdloos en ruimteloos, ligt 'het' open, omdat het alles is.

~

Er zijn gevoelens (schijnbaar), maar niemand die deze waarneemt. Er bestaat niet zoiets als 'ik en het gevoel'.

'Iets te ervaren' is de droom. Vanuit het perspectief van 'ik ben' is alles echt omdat het ervaren wordt. Wanneer iets wordt waargenomen, wordt het ook 'gevoeld'. Deze hele ervaringswereld is illusionair. Ervaring is illusionair. Wat is, is eenvoudig - zonder een bijkomende observerende instantie, zonder een ervarende.

~

'Zijn' heeft zichzelf nooit vergeten. Het is dat wat is. Het is dat wat schijnbaar gebeurt. Er is noch een vergeten noch een vinden.

~

Advaita is niet kenbaar. Want er bestaat niet zoiets als 'Advaita'. Er is 'enkel' dat wat schijnbaar gebeurt. Dat is alles.

Wat er ook gebeurt, het is dat wat schijnbaar gebeurt. Het is honderd procent zoals het is, zonder ooit iets echts te zijn.

~

Het is onmogelijk waar ergens ook te blijven.

~

Bevrijding heeft niets met de zoeker van doen. De zoeker neemt het niet waar en komt ook nergens aan. Bevrijding is de (schijnbare) dood van de zoeker en daarmee automatisch het einde van de zoektocht. Maar: er wordt noch niets gevonden, noch leeft de zoeker voort. Het heeft geen inzicht nodig, geen weten, geen zien - 'enkel' het einde van de zoeker. De dood is het versmelten met het bestaan. Er leeft niemand verder. Het wonder is dat wat als afgescheiden wordt ervaren nooit heeft bestaan.

Ik kan niet zeggen hoe 'zijn' functioneert. Er is niemand aanwezig om het te ervaren. Er is geen echt bewustzijn en vooral geen bewust iemand. Het is vrij en volledig, precies zoals het schijnbaar is. Er valt niets te begrijpen. 'Zijn' kan niet worden begrepen. 'Het' is en is niet.

~

Het dilemma met oefeningen is dat ze iemand aanspreken om deze van het ene naar het andere te leiden. Maar precies deze 'iemand' is juist de illusie. Er is geen weg van 'onverlicht zijn' naar 'verlicht zijn'. Veeleer schijnt elke oefening juist de scheiding die ze probeert te overbruggen in stand te houden en te bevestigen.

~

Hoe kun je iets anders zijn als dat wat je bent? Hoe kan er ooit iets anders gebeuren dan wat schijnbaar gebeurt? Het is onmogelijk.

Wat is, is niet iets. Het zal nooit geweten of gekend worden, eenvoudigweg omdat het niet iets is.

~

Liefde is de natuurlijke realiteit, niettemin voor niemand. Ze komt nergens vandaan en niemand ervaart het: ten eerste omdat er niemand is en ten tweede omdat het alles is. Alles is onvoorwaardelijk dat wat het is. Dat is liefde. 'Wat is' hoeft noch verlicht noch goed te zijn. Het hoeft noch echt of onecht, noch stil of liefdevol te zijn - het hoeft niets te zijn. Onvoorwaardelijke liefde heeft geen liefde nodig. Dat is het wonder!

~

Is er iets blijvends in de slaap? Er is niemand aanwezig om het te ervaren.

'Zijn' heeft niets nodig. Dit 'zijn' is een schijnbare verklaring om het bestaan van 'ik ben' te rechtvaardigen. Dat wat schijnbaar gebeurt heeft geen ervaring van zichzelf nodig. Het is al perfect!

~

'Zijn' ervaart zichzelf niet. Dat wat is (en niet is) is eenvoudig - zonder een ervaring van zichzelf. Het lezen van deze woorden 'volstrekt zich' eenvoudigweg. Iedere ervaring of bewustzijn daarvan is illusionair.

~

Gedachten zijn dat wat schijnbaar gebeurt. Maar er bestaat niemand die ze heeft en die ze gelooft.

Er is geen juiste of verkeerde manier om te zijn. 'Zijn'
is wat schijnbaar gebeurt. De ervaring van 'zijn' heeft
echter geen realiteit en is de schijnbare illusie.
Omdat de ervaring van 'zijn' niet echt is, is er ook
geen juiste of verkeerde manier van zijn.

~

Er is noch dader noch slachtoffer. Er is noch doener,
noch getuige.

~

Vaak hoopt en wacht de schijnbare persoon op een
gevoel van 'afwezigheid', alsof afwezigheid gevoeld
of ervaren kan worden - wat enkel een andere
ervaring van bestaan of aanwezigheid zou zijn. In dit
opzicht is 'afwezigheid' geen gevoel en het gevoel
van 'aanwezigheid' is zonder substantie.

Ieder bestaan is illusoir.

~

Er is niemand die 'doende' is met wat je doet of laat.
Er is niemand die op jou wat aan te merken heeft.

~

Natuurlijk kun je zeggen: 'Ik ben' is bewustzijn, dus
'ik ben' ervaart zichzelf als 'bewust' en als
'bewustzijn'. Het weet echter niet wat bewustzijn is.
Het kan een mentale brug slaan en zeggen dat 'ik
ben' is als 'bewustzijn'. Dat is waar, maar voor 'ik
ben' is dit enkel een conceptueel weten. Het blijft
zichzelf 'enkel' als bewustzijn ervaren. Dat is niet
verkeerd! En toch is het alleen niet echt. 'Ik ben' is
zich nooit bewust van wat het werkelijk is. Het heeft
geen idee - in de ervaring - van wat bewustzijn is.

Er is noch iets te vinden, noch iets te verliezen.

~

In de illusie te 'zijn' en daaruit te moeten ontwaken
is de illusie. Er is enkel dat wat schijnbaar gebeurt.
Niemand is daarin gevangen en niemand kan
daaraan ontkomen.

~

De persoon weet niet hoe het is te denken. De
persoon denkt nooit echt, de persoon voelt nooit
echt. Ze weet niet hoe het is treurig te zijn. Wat ze
gelooft te kennen is enkel de ervaring van treurig te
zijn. Zo ook kent ze wel de ervaring van 'denken',
echter niet hoe het is te 'denken'.

'Ik kan niet' is de tegenhanger van 'ik kan'. Beide maken deel uit van de ervaring van 'ik ben', die zichzelf zowel als dader, evenals misdeelde kan ervaren. 'Ik ben' ervaart zichzelf als slachtoffer van omstandigheden, maar gelooft deze tot op zekere hoogte te kunnen beïnvloeden en binnen deze omstandigheden kan handelen. Deze hele setup is illusionair. 'Ik ben' is illusionair. Er is geen centrum.

~

Of het nu zuiver gewaarzijn is of een beduimeld 'ik ben' speelt geel rol. Beide zijn deel van de droom van aanwezigheid, deel van de droom dat 'iets' bestaat.

~

'Zijn' wordt zich nooit volledig bewust van zichzelf. Het verschijnt als bewustzijn, maar is zich van 'zichzelf' nooit werkelijk bewust.

Als er niemand is, is honger gewoon honger. Vreugde is vreugde en verdriet is verdriet - zonder iemand die zichzelf en zijn gevoelens als aanwezig ervaart. Hoe dat echter precies is, is niet 'weet-baar' omdat er niemand is die het ervaart.

~

Dit lichaam, deze schijnbare persoon, leeft en gedraagt zich zoals ze dit altijd al heeft gedaan. Ze is nerveus wanneer ze nerveus is en ontspannen wanneer ze ontspannen is.   Er is echter niemand die toekijkt, die meeloopt en het van commentaar voorziet. Niemand die observeert en met zichzelf in tweespraak leeft. Niemand die in verhalen leeft, problemen ziet en oplossingen zoekt.

De ervaring van 's ochtends wakker worden is illusionair. Maar als het dat is wat schijnbaar gebeurt, dan is het dat wat schijnbaar gebeurt. Het is niet verkeerd en noch te voorkomen - en toch is het nu eenmaal dat wat het schijnbaar is: illusionair.

~

In de meeste gevallen wordt onder 'verschijnen' een beweging of gebeuren verstaan. Maar er is geen beweging of gebeuren van verschijnen. Niets ontstaat en niets komt of gaat. 'Wat is' is tijdloos zoals het is - zonder werkelijke verschillen, zonder een daadwerkelijk verschijnen.

~

Het is nu eenmaal zoals het is. Zonder reden. Maar: 'zijn' wordt nooit tot iets. Er is geen 'zijn' dat al dan niet iets wordt. Er is alleen dat wat schijnbaar gebeurt. Dat is 'zijn'. Ofwel: 'zijn' is immers niet iets.

Je bent op zoek naar een doel om hier te zijn. Je ervaart het leven als ongerijmd en hoopt dat het tenminste zin heeft. Anders zou het voor niets zijn. En ja, het is voor niets.

~

Bevrijding is het einde van de beleving iemand te zijn. Het is de dood van de instantie 'ik ben', die niet alleen als gedachte, maar binnen zijn beleving als absoluut waar en echt wordt ervaren. In de dood van deze schijnbare instantie wordt duidelijk dat deze instantie nooit heeft bestaan en dat niets kan of moet sterven. Niets verandert en daarmee verandert alles.

~

Dat je bestaat, dat je een leven hebt dat je naar een toekomst leidt waarin je vervuld zult zijn - dit alles is de droom.

Er bestaat niet zoiets als 'een gedachte' of de 'gedachten'. Gedachten zijn dat wat schijnbaar gebeurt - onafscheidbaar van niet-iets. Ze zijn echt en onecht en daarmee een schijnbaar deel van niets en alles. Ze zijn noch van belang, noch dragen ze een 'waarheid'. Omdat er geen denker is, vormen ze geen probleem.

~

Zowel de ervaring van afscheiding als ook het einde ervan: beide zijn eenheid. Niemand is in eenheid en niemand wordt daaruit bevrijd.

~

Niemand doet dat wat schijnbaar gebeurt. Niemand beïnvloedt het, niemand manipuleert het.

Met mij is niets gebeurd. Schijnbaar bestond de zoeker 'Andreas'. Maar in plaats van vinden, ging hij verloren. Wat schijnbaar achterbleef was een leeg omhulsel dat verder functioneert. Dit schijnbare omhulsel sluit gedachten, gevoelens en conditioneringen in. Maar ze 'gebeuren' niemand. In het einde van 'ik ben' vervliegt diegene die zichzelf als het centrum van dit alles heeft ervaren.

~

Zolang er iemand was, waren er altijd twijfels. Deze waren verbonden met het beleven van - en het idee dat er nog iets te begrijpen viel. Er is geen ontwaken in de zin dat ik ontwaakt zou zijn. 'Ontwaken' of bevrijding is het einde van de ervaring 'iemand' te zijn. Ik heb geen antwoord gekregen, omdat er geen antwoord bestaat. Bevrijding is de dood van de vragende.

Vanuit de ervarende zijn jij en ik, twee van elkaar verschillende dingen. Dat is de droom. Jij en ik zijn geen twee.

~

Er is geen positie. Er is niemand die zichzelf ergens kan vinden - in een situatie, in een gevoel, in het 'hier en nu'. Het is alles 'blind' zoals het is.

~

Je van jezelf bewust worden is dat wat schijnbaar gebeurt. En toch is het betekenisloos en leeg.

Je kunt inzichten hebben in de illusionaire aard van 'ik ben'. Overleef je deze inzichten, leef je verder met deze inzichten. Sommige dingen worden schijnbaar eenvoudiger - er lijkt nu een werkelijke toegang te zijn. Maar gezien deze toegang steeds weer verdwijnt en 'ik ben' steeds weer verschijnt, gaat het werk door; zelfonderzoek, mindfulness beoefenen of loslaten. Dat is niet verkeerd. Maar het is slechts een spel binnen het ervaren van afscheiding.

~

Samen met 'ik ben' vervliegt de setup van 'ik ervaar iets'. Er blijft dan niets meer over wat verbonden is. Als iets verbonden is, is er nog steeds afscheiding. Indien de ervaring van afscheiding vervliegt, wordt deze niet vervangen wordt door een ervaring van verbinding. Ofwel, 'ik ben' wordt zonder vervanging gewist.

Er bestaat geen bevrijding,
alleen dat wat schijnbaar gebeurt.

~

Een van de meest gangbare spirituele leringen is dat
je door mindfulness je focus kunt verleggen van het
relatieve naar het absolute, van gedachten naar
gevoelens, van het 'verhaal' naar het gewaarzijn.
Dit blijft een cyclus zonder einde. Het gaat telkens
terug van het absolute naar het relatieve, van
gevoelens naar gedachten, van gewaarzijn naar
afleiding. Dit blijft onbevredigend en vereist
voortdurend werk. Toch noemt men dit spiritualiteit.

~

Bewustzijn wordt volledig overschat.
Er is daarin niets in te vinden.

De droom is dat er werkelijk iemand is - een entiteit, een ding dat je zou kunnen zijn: aanwezigheid, gewaarzijn, bewustzijn, een persoon, een essentie, een energie. Dit alles is al de droom: de droom 'iets' te zijn - in tegenstelling tot dat wat je niet bent.

~

Het dilemma van het schijnbare ik, is dat het zijn gedachten ervaart als iets intrinsieks en echts. Het gaat ervan uit dat gedachten een eigen waarheid meedragen en het lijdt vervolgens onder deze waarheid. Dat is de droom. Het proberen aan deze droom te ontsnappen is gedoemd te mislukken, juist omdat deze hele schijnbare setup een droom is.

~

Er is geen afzonderlijke entiteit die leeft en controleert. Er is geen persoon of God, noch een goddelijke energie of duivel. Niemand ziet toe, niemand die waakt.

Het schijnbare ik zoekt naar werkelijkheid in een niet
bestaande realiteit. Het hoopt op een werkelijk
gebeuren genaamd 'bevrijding' dat niet bestaat, in
een toekomst welke ook niet bestaat. Het zal nooit
gebeuren, want dat wat is, is al in vrijheid.

~

Het zoeken blijft gedoemd te mislukken.
Niet alleen omdat elk zoeken illusionair is.
De zoeker zelf is illusionair.

~

Bevrijding is de dood van degene
die naar bevrijding verlangt.

In de laatste uitademing, vervliegt de tot dan toe ervarende. Toch is het geen werkelijke dood. De ervarende vervliegt in de onthulling van zijn illusionaire aard. Er was niemand 'in leven', en nu kan ook niemand meer sterven.

~

Zo dramatisch als de dood kan lijken vanuit het perspectief van de schijnbaar levende, zo onbeduidend is het als het gebeurt. Het is niets.

~

De hele zoektocht naar verlichting, vervulling, zelfrealisatie komt voort uit de vurige wens en de innige hoop van het schijnbare ik dat er eens in dit leven een moment zal komen waarin 'het' eindelijk goed is. En wel voor mij en voor altijd.

Dat wat is, is vrij om precies te zijn zoals het is. Er is niets dat manipuleert of controleert. Het is onvoorwaardelijk vrij. Tegelijkertijd is het ook absoluut gevangen daarin, volledig en compleet dat te zijn wat het is. Dat is onvoorwaardelijke liefde.

~

Hoe het werkelijk is, is onbekend. Alles is al het zelf, zonder daarbij een ervaring van zichzelf te hebben.

~

Louter te ervaren is de kunstmatige werkelijkheid. Deze wordt als echt ervaren zonder dit te zijn. Als het echt zou zijn dan zou het de hel zijn.

Niemand wordt één, want niemand is afgescheiden.

~

Bevrijding is het einde van de illusie van bewustzijn
als werkelijke instantie.

~

Wanneer het schijnbare ik, dat enkel leeft in het
ervaren van zichzelf als bewust, vervliegt, kan dat
aanvoelen als onbewust worden. In het eind van 'ik
ben' is echter niemand onbewust, het is
eenvoudigweg het einde van bewustzijn als realiteit.

Dat wat vrede zoekt, leeft in de illusie van onvrede.

~

Er bestaat geen 'tegenover' ik. Er bestaat niets
buiten 'ik'. 'Het' is volledig ik - maar zonder de
ervaring daarvan dit te zijn.

~

'Ik ben' verlangt naar eenheid, hoopt evenwel deze
tegelijkertijd te kunnen ervaren. Indien het echter de
versmelting nabijkomt, trekt het zich terug. Het zou
zijn einde zijn.

Het schijnbare ik faalt in zijn poging een absolute ervaring te hebben. Vanuit deze beleving van proberen en falen ontstaat een gevoel van onwaardig zijn. Wat blijft is de indruk dat 'ik' het verkeerd doe of niet goed genoeg ben of niet hard genoeg mijn best doe. Deze hele opzet is illusionair.

~

Het idee aan jezelf te kunnen werken verdwijnt samen met 'ik ben'.

Het werk aan de persoon begint met de indruk dat 'ik' niet goed genoeg ben. Wanneer het ervaren van 'iemand' zijn vervliegt, blijft er een schijnbaar functionerend persoon over die gewoon is zoals hij of zij is. Wat overblijft is een schijnbare persoonlijkheid.

~

Gevoelens ontstaan - en ja, zolang er 'iemand' lijkt te zijn, schijnt dit gevoel ook een eigenaar te hebben - echter het is enkel en alleen de schijnbare eigenaar die in de ervaring van aanwezigheid leeft en daarmee aanwezigheid toekent aan de gevoelens.

De ervaring 'iemand' of 'iets' te zijn verdwijnt. Sommige gedachten verdwijnen samen met de schijnbare persoon (gedachten die met de zoektocht van doen hebben), andere niet. Als gevolg hiervan verdwijnen ook die emoties die zijn verbonden met de zoektocht. Niettemin: schijnbaar gebeurt het leven - inclusief gedachten en emoties.
Sterft 'ik ben', sterft daarmee enkel de ervaring van afscheiding.

~

Deze boodschap kan niet worden begrepen. Ze wijst schijnbaar naar wat al is - ofwel naar de natuurlijke realiteit. 'Wat is' kan niet worden begrepen omdat het eenvoudig 'is'. Wie zou dat begrijpen?

~

De laatste uitademing is altijd ontspannen - in fysieke dood en in bevrijding. Het einde is het uitdoven van de droom van de eigen aanwezigheid. Wat een vrijheid! In de dood wordt onthuld wat nooit verborgen was: 'ik ben' was een droom, de zoektocht was illusionair.

Dit alles is zinloos betreffende persoonlijke vervulling. Vervulling is echter de grondslag van elke persoonlijke motivatie. Het schijnbare ik vermoed dat elk schijnbaar bereiken bijdraagt aan zijn vervulling. Dat is de droom. Jij doet niets. Je bent niet eens dat wat je denkt dat je bent.

~

Wat schijnbaar gebeurt, gebeurt volkomen moeiteloos. Niemand doet het, niemand zorgt ervoor, niemand onderhoudt het. Wat is, vereist geen inspanning om te zijn wat het is en hoe het is.

~

Proberen het zoeken op te geven is niet meer dan een andere vorm van zoeken.

Het schijnbare ik vermoed dat het absolute gescheiden is van het relatieve. Het wil het relatieve achter zich laten, om één te worden met het absolute. En toch, deze zijn geen twee.

~

Spirituele leraren adviseren nederigheid, openheid en mindfulness - als voorwaarden waaraan voldaan moet worden, om wat te ervaren? Om verlichting en bevrijding te ervaren. Echter; bevrijding is het einde van het ervaren iemand te zijn.

~

'Ik ben' ervaart zichzelf als een werkelijke instantie die in het lichaam leeft en uit de ogen naar buiten kijkt. Deze instantie leeft in een subject-object werkelijkheid, waarbij het zelf het subject is en alles wat deze instantie ervaart objecten zijn.

Er is geen standpunt - en ook dat
is geen in te nemen standpunt.

~

Niets doet ertoe.

~

Harmonie is de natuurlijke realiteit.
Alles is van nature zichzelf.

Sommige leraren beweren dat het antwoord in 'gewaarzijn' ligt. En toch zien ze over het hoofd dat dit gewaarzijn ook geen realiteit in zich heeft. Ja, het is wat schijnbaar gebeurt - soms - maar het heeft geen inhoud. Net als al het andere is het zichzelf, maar blijft het onafgescheiden en onherkend. Het heeft geen betekenis.

~

Er is niets verloren en er valt niets te bereiken.

~

Dat dingen echt zijn, d.w.z. hun eigen 'inhoud' hebben, hun eigen essentie, maakt deel uit van de droom van 'ik ben'. 'Ik ben' leeft in een wereld van inhoud, die op deze manier niet bestaat.

'Ik ervaar iets' is de droom. Omdat de sluier van persoonlijke ervaring alles verhult, blijft het verborgen

~

Er leeft niets dat kan sterven.

~

Hier is geen centrum, niets van waaruit wordt geleefd. Niets dat zichzelf ervaart als zittend in het lichaam en naar buiten kijkt.

'Ik ben' is geen illusie in de zin dat er een echte illusie zou bestaan. Dat het een illusie is, betekent dat er niets dergelijks bestaat. Er is eenvoudigweg niets - noch een werkelijk ik, noch een werkelijke illusie. Het is simpelweg zoals het schijnbaar is.

~

De dood van 'ik ben' is de dood van de criticus, de twijfelende, de zoekende en degene die nooit zal vinden. Het is de dood van een nachtmerrie die nooit heeft bestaan. Het ontwaken hieruit is het laatste uitademen. Het leven ademt jou uit.

Omdat er geen afscheiding bestaat, bestaat er geen tegenover, niets vreemds, niets dat niet 'ik' ben. Toch is dit geen ervaring. Er is immers niemand die 'ik ben alles' kan ervaren. Er bestaat eenvoudigweg 'enkel' onverdeeldheid.

~

De persoon ervaart zichzelf als dader en slachtoffer, als schepper en getuige. Dit wordt ook weerspiegeld in de twee richtingen van spiritualiteit - de mannelijke en de vrouwelijke weg. In de ene ben je de schepper en dader, in de andere ben je ontvankelijk en observerend. In bevrijding vallen deze samen in het onbekende - elke ervaring verdwijnt - noch schepper, noch waarnemer blijven over. Niettemin: schijnbaar gebeurt er handelen en schijnbaar gebeurt er waarnemen.

~

De persoon heeft geen realiteit.

Er is geen manifestatie. Het enige dat zich als manifest ervaart is de schijnbare persoon. Dit gevoel van bestaan is de basis voor de illusie van een werkelijk bestaan. Uit deze kleine bestaanservaring concludeert de persoon dat er een enorm bestaan 'daarbuiten' is. En toch is precies dit gevoel van bestaan dat geen substantie heeft. Het is absoluut Illusionair.

~

Er bestaat niemand die kan kiezen.

~

Als er niemand meer is, wordt wat voordien werd ervaren als afgescheiden één. Dan is het automatisch honderd procent. Dan loopt er niemand over straat, dan is er alleen 'over straat lopen'. Dan is 'over straat lopen' alles.

Het kan voorkomen dat je 's ochtends bij het ontwaken niet weet wie je bent. En je stelt te observeren hoe het 'ik' zichzelf weer 'in elkaar zet'. Maar kort voor dit 'in elkaar zetten' ben je er al. Nauwelijks merkbaar verschijnt een subtiel gewaarzijn. En dat is het eerste ervaren van aanwezigheid. Niemand doet 'ik ben'.
Niemand doet gewaarzijn. Deze aanwezigheid is Illusionair, deze is noch 'maakbaar', noch te verhinderen.

~

Er is geen bijkomende realisatie. Er is geen aankomen of vinden. Er is geen 'vervolg' meer. Dat is alles.

~

Als iemand mij vertelt dat hij zichzelf en mij als personen ziet, kan ik dat alleen maar bevestigen. Ook dat is wat verschijnt. Toch blijft het een droomwereld.

De grootste angst is jezelf niet te kunnen ervaren en daarmee iedere controle te verliezen.

~

Het hoeft geen spirituele zoektocht te zijn - 'ik ben' zoekt overal. Waar het ook gaat en staat hoopt het iets te verkrijgen: een volgend stukje van de puzzel op weg naar vervulling. Omdat het dat wat het ervaart als onbevredigend ervaart, zoekt het naar bevestiging dat het goed is. Het probeert zichzelf ervan te overtuigen dat het goed is zoals het is.

~

Maar precies dat is de droom. Deze hele setup van 'ik ben', 'ik ervaar iets', 'ik kan en moet eenheid ervaren', is illusionair.

Je kunt geen vrede ervaren omdat je niets anders dan vrede bent. Zolang er een ervarende is, leeft deze in onvrede.

~

'Ik ben' zal nooit één worden - eenvoudigweg omdat het niet afgescheiden is. Het probeert een afstand te overbruggen die niet bestaat.

~

Bevrijding heeft niets van doen met spiritualiteit.

Wat blijft is dat wat is, onkenbaar, niet verklaard en onontgonnen. Het is noch in beweging noch stilstaand, noch hier noch daar, noch iets noch niets. Wat overblijft is niet-iets, wat niets anders is dan dat wat schijnbaar gebeurt.

~

Dat het 'ik' een illusie is, betekent niet dat er een echte illusie is. Het is een illusie in die zin dat er eenvoudigweg helemaal niets is. Er is geen centrum in ons - noch in jou noch in mij. Zoiets bestaat eenvoudigweg niet.

~

Waar de persoon naar streeft - persoonlijke vervulling - is onbereikbaar. Het is onbereikbaar omdat er helemaal geen persoon is die vervuld of onvervuld kan zijn.

Alles is van nature in harmonie, eenvoudigweg omdat alles absoluut zichzelf is. Hierin bestaat geen werkelijke beweging van imperfectie naar perfectie, van illusie naar waarheid of van onvrijheid naar vrijheid. Alles is al zichzelf.

~

De hoop eens aan te komen komt voort uit de illusie onderweg te zijn. Er is echter niemand.

~

Al het zoeken en alle wanhoop komen voort uit de illusie dat er een onafhankelijk zelf bestaat, (de bewust doende) en deze moet en kan 'leven'. 'Leven' betekent in dit geval 'overleven' en 'persoonlijke vervulling vinden'. De poging dit te bereiken is de zoektocht. Het is een zoektocht die nooit kan slagen. Omdat het gebaseerd is op een illusie, op de illusie dat er een afgescheiden, onafhankelijk ik bestaat.

Alles waarvoor je je ooit hebt ingespannen heeft je niet gebracht waar je op hoopte: persoonlijke vervulling. Al je inspanningen waren tevergeefs. Het goede nieuws is dat er niets te bereiken valt. Niets kan worden gevonden en niets hoeft te worden gevonden. Dit 'ik ben' en 'ik heb verloren' is de droom.

~

Dat 'ik' echt ben en dat hetgeen ik ervaar ook echt is - precies dat is de droom.

~

In bevrijding smelten ervaring, het ervarene en het ervarende samen tot het onbekende. Dat wat schijnbaar gebeurt, is het onbekende en het onervarene. Het is het zelf, zonder zelfkennis.

Het verlangen zich in iets te willen inleven komt voort uit een ervaring van afscheiding. Het zich verplaatsen in iets onaangenaams als methode kan een soort gevoel van welzijn creëren - het onaangename gevoel schijnt zich in het aanvoelen op te lossen, en een soort stille vrede kan verschijnen. Sommigen zeggen dan: 'deze stille vrede, dat ben jij'. Maar het gaat hier om een ervaring die weer eindigt. Omdat het schijnbare ik gelooft dat het dit gevoel van welzijn persoonlijk teweeg heeft gebracht, wordt deze ervaring van stilte het nieuwe doel en dit 'zich verplaatsen in' de nieuwe methode. Dit is niet verkeerd, maar blijft binnen het beleven van afscheiding.

~

Vrijheid betekent dat geen enkele handeling (of niet-handeling) de zoektocht naar vervulling dient. Niets is gekoppeld aan het persoonlijke verlangen daarin iets te vinden. Andreas hoeft niet beter te worden met als doel iets te bereiken. Daarmee vervliegen alle mogelijke neuroses rondom de persoon.

'Ik ben' is machteloos. Het faalt in zijn zoeken naar eenheid. Omdat de zoektocht, inclusief de nood te vinden, illusionair is, is hulp onmogelijk.

~

Er is geen zelf, geen 'ware' kern van zijn. Het ware zelf is niet te vinden omdat het niet bestaat. Er is helemaal niets dat als iets 'waars' bestaat en gevonden kan worden.

~

In de droom van 'ik ben' is er enkel 'mijzelf'. Ofwel het beginpunt van bewustzijn zo te zeggen, en waarvan ik mij bewust ben. Alles wat dit te boven gaat is voor het schijnbare ik non-existent.

Gedachten voltrekken zich in vrijheid, maar er is niemand die zoekt in zijn gedachten naar een oplossing. Niemand ervaart zijn gedachten en zoekt daarin iets voor zichzelf.

~

Er is geen boodschap. Ook als het schijnbare ik zoiets verwacht en zoekt. Wat gezegd en gehoord wordt, heeft geen inhoud.

~

Bevrijding is de dood van de ervarende; daarbij speelt het geen rol wat het is dat de schijnbaar ervarende heeft ervaren.

Het schijnt zo dat in bevrijding gedragingen die het schijnbare ik als overlevingsstrategie voortzette, niet langer worden ondersteund.
Ze ebben langzaam weg.

~

Wat er na bevrijding gebeurt heeft geen betekenis, net zomin als het daarvoor van betekenis was.

~

Het schijnbare ik vind dat wat gebeurt heel belangrijk, omdat (vanuit zijn gezichtspunt) het hem overkomt en daarmee echt is. Zonder 'ik' is dat wat gebeurt zowel echt als niet - echt, en verliest het zijn betekenis. Betekenis vindt altijd plaats in een context van tijd en van 'goed' en 'fout'. Zonder tijd en dus zonder doel kan er geen betekenis zijn.

Bevrijding is het plotseling uitdoven van de
afgescheiden energie.

~

Heeft iemand je aangeraden 'bewust te blijven'? Wat
betekent 'blijf aanwezig' en dat je kunt kiezen? Dat is
de droom en tegelijkertijd de hel. Want om de illusie
van 'bewust te zijn' in stand te houden, moet het
voortdurend werken. Dus terwijl 'ik ben'
voortdurend probeert bewust te zijn, ziet het de
irrelevantie van zijn inspanningen over het hoofd, die
alleen maar kunnen mislukken. Achter blijft een 'ik
ben nog niet goed genoeg', wat leidt tot verder
zoeken. En zoeken leidt niet tot vinden, maar tot in
stand houden van het zoeken.

~

De hele last, het hele drama van afgescheiden zijn -
ik ben en ik moet vinden - is illusionair.

Uiteindelijk blijkt dat niets echt was en dat er nooit iets echts is gebeurd.

~

De ervaring van een aanwezigheid is al afscheiding. Gewaarzijn, bewustzijn is al afscheiding - schijnbaar natuurlijk. Waar er één is, is er een tweede. 'Wat is' is niet één, het is geen.

~

Er is niets om te doen en niets om te laten. De 'doener' is een illusie. Dat wat schijnbaar gebeurt is alles wat er is - voor niemand.

Deze liefde is blind. Ze is niets anders dan zichzelf. Ze is onvoorwaardelijk. Omdat er niets is buiten dat wat is, is er ook niets buiten liefde. Deze wordt noch gevoeld, noch ervaren. Je bent het immers al. Dat er iets buiten deze liefde ligt, is een illusie. En ook deze illusie is de liefde zelf.

~

Er is niets dat onderweg is, noch is er iets dat zichzelf werkelijk kan vinden. 'Jezelf vinden' is een illusie.

~

Gewaarzijn is wat schijnbaar gebeurt. Het is echter noch gekend, noch ervaren. Het is noch wat iemand is, noch heeft het werkelijk betekenis. De persoon leeft in de illusionaire ervaring dat hij gewaarzijn is. Maar er is helemaal niemand 'daar'.

Er valt niets te bereiken, omdat er geen werkelijkheid bestaat waarin iets te bereiken zou zijn. Dat wat schijnbaar gebeurt is ongescheiden en onbekend. Het is niet eens iets dat hier en nu is. Dus wat zou je erover kunnen zeggen? Niets, helemaal niets.

~

Er is geen zelf dat zich bewust is van zichzelf. Er is geen zelf.

~

Het hele spirituele zoeken vindt plaats in het bewustzijn. Dat is okay - en toch is precies dit bewustzijn illusionair.

Alles - inclusief jezelf - gebeurt vanzelf, of is wat schijnbaar gebeurt.

~

Het antwoord van het schijnbare ik op het zoeken is zichzelf. 'Ik moet vinden', 'ik moet helder worden', 'ik moet het ik verliezen', 'ik moet volledig ik zijn', 'ik moet aanwezig zijn'. Het schijnbare probleem ziet zichzelf als de oplossing - wat een wonderlijke grap!

~

Dat de ervaring van aanwezigheid niet echt is, kan vanuit aanwezigheid niet worden verklaard.

Zolang er 'iemand' is, leeft deze schijnbare iemand in de veronderstelling dat vrijheid een ervaring is. Het schijnbare ik ervaart vrijheid ook wel als een gevoel. Dat echter, is de droom. Ja, er is vrijheid. Maar er is geen weg daar te komen, geen benaderingswijze. Wie zichzelf ervaart als nabij, bestaat enkel uit het schijnbaar afgescheiden zijn. Egaal hoe dichtbij 'jij' schijnbaar bent. 'Jij' bestaat enkel uit het ervaren van jezelf als afgescheiden.

~

Er is niets te bereiken.

~

De schijnbare ontdekking is
dat er niets te ontdekken valt.

Het christendom probeert sinds tweeduizend jaar liefde in de wereld te brengen. Boeddhisten beoefenen gelijkmoedigheid. Spirituele zoekers proberen aanhoudend stil te worden om onaangeroerd, als een verlicht zelf boven de dingen te zweven. Iedereen waant zich in een ontwikkeling die bestaat uit tegenslagen en nederlagen, maar vooral uit successen en vooruitgang. Wat de zoekers niet zien, is het zichzelf in een cirkel ronddraaien.

~

Ervaringen leiden nooit een 'waar iets'.
Ze blijven vluchtig en leeg.

~

Zelfs in de laatste inademing gelooft het schijnbare ik nog de volgende uitademing te overleven en in het volgend moment geleid te worden. En toch, is er geen volgend moment. Er is zelfs niet eens dit moment.

Deze schijnbare versmelting is niets anders dan het einde van de ervaring 'iemand' te zijn. Wat overblijft is noch kenbaar, noch ervaarbaar.

~

'Je moet aan jezelf blijven werken', hoor je sommige leraren zeggen. Vergeet het maar. Aan wat moet een man die aan een kruis genageld is nog werken? Zijn pijn integreren? Enkel de dood lonkt nog met hoop. In de ware (schijnbare) dood blijft niemand over die 'aan jezelf werken' nog zou kunnen.

~

Je hebt nooit een stap gezet. Je hebt nooit werkelijk bestaan als een 'ik'. Je bent noch 'hier en nu' noch heb je vooruitgang geboekt. Zelfs het schijnbare zien hiervan brengt je geen stap verder. Dat is de vrijheid.

~

De gewaarzijns - of aanwezigheidservaring is niet existent.

~

Niets kan en moet worden verlost - dat is de verlossing.

~

Vanuit persoonlijk perspectief is bevrijding niets anders dan een soort persoonlijke verlossing. Maar zoiets bestaat niet.

Alle inspanningen zijn volledig tevergeefs. Alles is tevergeefs. Alles is al zichzelf - kosteloos, bij wijze van spreken.

~

Het verlangen - en de angst ervoor - te sterven, maakt deel uit van een droom.

~

Er is alleen dat wat er gebeurt. Dat er moet worden gewerkt, dat een onzuiverheid moet worden opgeruimd, is de droom.

'Ik ben' is geen mentale constructie, maar een ervaring. 'Ik ben' is een energetische setup.

~

Dat 'ik' bewust zou moeten handelen is de droom.
Dat 'ik' bewust zou moeten beseffen, ervaren,
opletten en observeren is de droom.
'Ik ben' is de droom.

~

De illusie dat er een echte wereld is, verschijnt alleen voor het schijnbare ik. Het ervaart zichzelf als iets dat echt is en ervaart ook alles om zich heen als echt. Als er niemand is, blijft dat wat schijnbaar gebeurt. Echter voor niemand.

Er is noch een ik noch een ik-illusie. Daarom is de poging om aan de illusie te ontkomen een schijnbaar deel van de illusie.

~

Niets heeft betekenis. Niets kan een betekenis hebben, want dat wat is, is alles. Waarvoor zou het dan nog betekenisvol zijn?

~

De verrassing is dat zelfs de laatste en meest subtiele zelfervaring zich als illusoir ontpopt.

Evenwicht is de natuurlijke realiteit die geen
tegenover nodig heeft.

~

Er is niemand, niemand die zichzelf als afgescheiden
ervaart en heelheid wil ervaren.

~

Niets is duister en niets is verborgen. De natuurlijke
werkelijkheid is open omdat ze eenvoudigweg dat is
wat er schijnbaar gebeurt. Dit is noch mysterieus
noch gecompliceerd. Ze kan niet worden ontdekt
omdat ze alles is.

Ik heb geen idee of mijn leven ten onder gaat, dat ik door een paar ongelukkige beslissingen onder een brug zal belanden - of midden in de Sahara, zonder water bij de hand. Er is eenvoudigweg niemand. Niemand die een keuze heeft. Niemand die weet.

~

Het feit dat schepping iets is dat echt bestaat, is de droom. Deze werkelijkheid bestaat alleen voor de ervarende. 'Ik ervaar iets', is de (schijnbare) illusie.

~

Er is niemand die zichzelf kan kiezen. Andreas is dat wat er schijnbaar gebeurt - ongegrond en zonder de ervaring Andreas te zijn. Hij heeft geen betekenis en is gewoon zoals 'hij' schijnbaar is.

'Er is niemand' betekent dat 'hier en nu' geen centrum bestaat.

~

In leven leeft niets en in sterven sterft niets.

~

In de dood kan er een korte flits zijn, een kort 'zien' van het uitdoven van de droom, dat echter niet langer in een verhaal kan worden verwerkt. Het inzicht is te kort. Daarna: niemand aanwezig, het onbekende.

Het schijnbare ik leeft in een permanente staat van 'dit kan het nog niet zijn'. In die zin wijst het elk moment af voor wat het is: volledig, absoluut volledig.

~

Er is geen beweging van afscheiding naar eenheid en ook geen beweging van aanwezigheid van de persoon naar afwezigheid van de persoon.

~

De vragende energie komt voortdurend dit 'niet-iets' tegen. Het kan zijn dat deze energie zo raakt uitgeput.

Bevrijding is geen inzicht. Bevrijding is niet het inzicht dat ik niet besta. Het is geen ervaring van transcendentie. Bevrijding is het einde van de ervaring iemand te zijn.

~

Dat wat schijnbaar gebeurt is volledig vrij en op natuurlijke wijze zichzelf. Voor niemand. Er is niemand in aanwezig die het ervaart. En er zit niemand in die er weet van heeft.

~

Het antwoord is dat er geen antwoord is.

Het schijnbare ik zoekt iets dat het kan vinden of weten of hebben, en waarop het zich kan verlaten. Een absolute eenheid bijvoorbeeld, een absoluut weten, een houdbare toestand van evenwicht en vreugde. Maar niets van dit alles bestaat, en het tegendeel natuurlijk ook niet. Er is ook niet alleen het relatieve, het ontoereikende en het onbestendige. Het enige dat bestaat is wat schijnbaar gebeurt. En dat is 'het'.

~

De dronkenschap van het zoeken, het heen en weer geslingerd worden tussen gevoelens en toestanden, tussen geluk en lijden, eindigt in de nuchterheid van de 'zo-heid' van het bestaan.

~

Iedere voorstelling dat er iets gedaan kan worden voor bevrijding, verlichting of de toekomst is deel van een illusie - deel van de droom een persoon te zijn. Er bestaat geen echte bevrijding omdat er niemand is die gevangen is.

De verrassing is dat dat wat schijnbaar gebeurt geen ervaring van zichzelf nodig heeft. 'In een kamer zitten' heeft geen ervaring nodig van 'in een kamer zitten'. Het hoeft niet goed of slecht, noch aangenaam of onaangenaam te zijn.
Het heeft niets nodig.

~

Dat bewustzijn iets is dat ik ben, dat ik moet doen of zou kunnen leren, is de illusie. Bewustzijn gebeurt - of het gebeurt niet.

~

Er valt niets te winnen. Want de persoon die leeft in categorieën van winst en verlies, van voordeel en nadeel, van beter en slechter, ontpopt zich als non-existent.

Vanuit het perspectief van 'ik ben' hebben we het hier over de dood. De indicatie dat de 'ik ben' setup niet echt is, betekent niet dat er een nieuwe ervaring is. Het betekent het einde.

~

Je denkt dat het behulpzaam is als het denken een proces mentaal begrijpt. De illusie hierbij is dat een aparte entiteit iets aan het doen is - iemand die zijn denkproces waarneemt, iemand die moet begrijpen hoe dingen gebeuren. Dat gaat nergens naar toe.

~

In de gesprekken stuit diegene die zichzelf als 'iets' waarneemt op niet-iets. En dit schijnbare 'iets' stelt vragen. In principe is het telkens dezelfde vraag: de vraag over het dilemma van 'ik ben iemand' - en eenheid. Dat is de enige vraag en zelfs als mensen enkel zitten en geen verbale vraag stellen, is het energetisch nog steeds dezelfde vraag.

Het schijnbare ik bevestigt zichzelf voortdurend in zijn bestaan. Het heeft geen toegang tot het feit dat zijn werk, zijn successen en zijn mislukkingen illusoir zijn, net als zichzelf en dat niets ervan nodig is. Het draait zich voortdurend in een cirkel van een niet werkelijke wereld. Het draait om zichzelf, het draait om iets dat zo helemaal niet bestaat.

~

'Ik ben' kent momenten, toestanden waarin 'alles goed was'. Maar zelfs deze konden het verlangen niet bevredigen. Ontevredenheid maakt deel uit van de ervaring 'iemand' te zijn. 'Ik ben' blijft onbevredigd. Het blijft voortdurend gescheiden van het beleefde en is daarom onvervuld - schijnbaar.

~

Er is geen ontwaken uit de droom.
Dat er een droom is, is al de droom.

Vanuit het perspectief van de persoon schijnt het
onmogelijk dat het gewoon is zoals het is - en dat het
gewoon zo kan zijn zoals het kan zijn.

~

Er is geen waarheid, omdat er geen echte
gebeurtenis is die waar zou kunnen zijn.

~

Het goede nieuws is dat de ervaring van 'ik ben
iemand', 'ik heb een leven' en 'ik moet het goed
doen om op een bepaald moment vervuld te zijn'
een illusie is. Er is niets dat werkelijk ontbreekt.

Er is geen aankomen,
want er is niemand onderweg.

~

Hoe het werkelijk is kan niemand weten, omdat er
niemand is om het na te gaan. Het is precies dit
gewaarzijn dat over geen substantie beschikt.

~

In bevrijding versmelten de ervarende, de ervaring
en het ervarene samen in het onbekende. Waarbij
'versmelten' schijnt te duiden op een proces dat als
zodanig niet bestaat. Er was nooit een ervarende,
nooit een ervaring en nooit iets dat ervaren kon
worden.

Alle pogingen een bepaalde toestand of ervaring te bereiken zijn niets meer dan een poging een vervulling te vinden die noch bestaat noch nodig is.

~

Er is geen goddelijke schepping, geen kosmische Leela, geen wereldspel. Enkel 'ik ben' leeft in de illusie dat er een universum bestaat, een wereld, en dat er andere mensen zijn. Als dit 'ik centrum' sterft - of liever: als blijkt dat dit er helemaal niet was, dat het nooit heeft bestaan, dat het zonder substantie was - dan gaat daarmee ook het idee dat er werelden, goden en andere mensen zijn, ten onder.

~

Bevrijding gebeurt niet door genade. Bevrijding gebeurt zonder reden. Geen begenadigde blijft over. Niemand die een zegening ervaart of zich begenadigd voelt. De persoon heeft hier echter geen baat bij. De dood is geen winst. En toch is het dat waar veronderstelde genade over gaat: de dood van 'ik ben'.

Als ik zeg 'ik ben' is de droom, bedoel ik niet dat iemand droomt. Ik bedoel dat er geen 'ik ben' is. Deze bestaat niet.

~

Wat aanvoelt dat het leeft, is dit 'ik ben'.   Het ervaart zichzelf als: ik leef in het lichaam. En omdat het zo aanvoelt, speelt er een voortdurend zoeken: waar wil ik heen? Hoe te handelen om de juiste resultaten te bereiken? Hoe kom ik erachter hoe het leven werkt? Echter, er is gewoonweg niemand.

~

Wie wil worden wedergeboren, gaat uit van een aanwezigheid die nu al niet bestaat.

Het idee van persoonlijke bevrijding is een spiritueel concept. Dat de zin van het leven erom draait dat ik iets zou moeten realiseren of inzien is een illusie. Echter, vanuit het perspectief van 'ik ben' voelt het absoluut zo alsof er nog iets is dat moet gebeuren.

~

De poging alles te accepteren zoals het is, moet mislukken. Wat is, is al geaccepteerd. Niemand hoeft er beschouwend naast te staan om te bevestigen dat het goed is. Volkomen acceptatie bestaat op zijn best in de dood van 'ik ben' - de dood van 'ik ben' die leeft in niet-acceptatie.

~

De zoektocht naar persoonlijke vervulling in de materiële wereld - in seks, geld, plezier, in macht - is net zo gedoemd te mislukken als de zoektocht naar inzichten, wijsheid, genezing of verlichting.

Omdat dat wat gebeurt alles is, kan ik geen hulp
bieden. Het is volledig zoals het is. Het is onmogelijk
welk advies ook te geven. Het is al volledig vrij zoals
het is. De persoon die leeft in categorieën van winst
en verlies, van voordeel en nadeel, van goed en
kwaad, deze persoon sterft in bevrijding. Wat
overblijft is enkel dat wat gebeurt. En dat is op zijn
eigen en levendige wijze perfect en volkomen in
harmonie, zonder iemand om het te moeten of
kunnen ervaren.

~

Zonder 'ik ben' te leven, betekend te leven in niet-
weten, omdat eenheid niet gekend kan worden.

~

Het schijnbare ik projecteert al zijn hoop op
verlichting. Is deze zoektocht intens dan moet ieder
ogenblik de toets der kritiek doorstaan: 'is het dit?
Of nog niet?' Het dilemma hier is dat louter de
aanwezigheid van het 'ik ben' de reden is van zijn
falen. Schijnbaar.

Niets hoeft te verdwijnen, niets hoeft te worden blootgelegd. Er zijn geen lagen en er is met name geen kern.

~

Er is geen besef van waarheid.

~

Er is geen verleden, geen nu en geen toekomst.

'Ik ben' bestaat eruit, en alleen daaruit, het ervaren van jezelf als zijnde afgescheiden. Dus hoe zou het kunnen accepteren niet te zijn? Zelfs als het denken het interessant acht - en het op intellectuele wijze benadert - zal het nooit 'weten' hoe het is om niet te zijn. Zijn eigen onwerkelijkheid zal voor hem nooit toegankelijk zijn.

~

Het schijnbare ik wacht altijd tot er iets gebeurt, ook al zou het een doodsteek zijn. Maar er is geen ik dat zou kunnen sterven.

~

Je kunt je niet bewust zijn van eenheid. Dat zou iets vereisen dat losstaat van eenheid, dat wil zeggen gescheiden van 'wat is'.

Niet-iets is onbereikbaar.
Niet omdat het ver weg is, maar omdat het al is!

~

Het schijnbare ik ervaart zichzelf als centrum van waaruit wordt beleefd en ervaren. Het ervaart zichzelf als afgescheiden. Zodra er waarneming van afgescheidenheid is, is er sprake van leven in een kunstmatige realiteit.

~

Het schijnbare ik neemt zichzelf waar als afgescheiden van de wereld en gelooft dat het moet overleven. Hiervoor doet het iedere dag zijn best. Het wil alles goed doen met als doel te overleven of uiteindelijk één te zijn. Maar er is geen 'ik' dat moet overleven of één moet worden.

~

Je kunt je noch goed noch fout gedragen.
Omdat je de droom bent.

~

Tot op zekere hoogte lijkt deze boodschap logisch.
Het schijnbare ik leert hoe het ik functioneert en
begrijpt de samenhang tussen zoeken en niet kunnen
vinden. Toch heeft het feitelijk geen toegang tot dat
niets van dit alles bestaat. Het begrijpt een
samenhang die niet bestaat.

~

In de laatste uitademing wordt duidelijk dat niemand
leeft en niemand sterft. Omdat er niets verdwijnt,
kan er ook niets terugkomen.

'Ik ervaar iets' is de droom. Als die vervliegt, blijft over wat is.

~

Niets kan ergens toe leiden, omdat alles reeds 'dat' is. Er is geen toekomst. Verloop in tijd maakt deel uit van de droom. Daarom kan niets leiden tot persoonlijke vervulling. Deze bestaat niet.

~

Het spel van zoeken en vinden is illusionair. Er leeft niemand afgescheiden die één kan worden.

Het idee voor zijn verlichting te moeten werken vervliegt samen met de persoon die het werk doet. Daarna is het moeiteloos in die zin dat er noch iemand is die zoekt, noch is er een 'staat' van realisatie.

~

Het wonderlijke is dat er met de dood van de verondersteld levende niets verloren gaat. Vanuit het perspectief van 'ik ben' is het een absoluut verlies. Het verliest alles, inclusief zichzelf. Dat er helemaal niets verloren gaat is het absolute wonder.

~

Wat is, is volledig vrij. Het stelt geen voorwaarden. Het hoeft niet goed of slecht te zijn, noch verlicht of onverlicht. Het kan dat zijn wat het is.

Uiteindelijk blijkt dat 'ik ben' niet echt is en nooit echt is geweest. Dus eindigt niets werkelijk. 'Ik ben' heeft nooit bestaan.

~

Mindfulness is een verhaal. Wie wil er mindful zijn? Wie leeft in persoonlijk gewaarzijn? Het schijnbare ik. Hoe verleidelijk dit spirituele spel ook is, het is niet meer dan dat: een spel. Deze maakt deel uit van de droom 'ik ben'. Sterft de droom, sterft dit mee. Voor de meeste mensen is de zoektocht verdeeld over verschillende domeinen; baan, carrière, gezin, kinderen, de romance langszij. Indien dit alles ontspoort, wordt de zoektocht urgenter. Dan wordt ze niet zelden spiritueel. Als gevolg hiervan concentreert zich de zoekende energie. Maar de ervaring van "ik ben iemand die kan en moet werken aan een betere toekomst", precies dit ervaren blijft deel uitmaken van de droom 'ik ben'.

Er bestaat geen einde van 'ik ben', omdat 'ik ben' nooit heeft bestaan. En er bestaat geen aankomen, want er is niemand onderweg.

~

Het ik keert telkens weer terug naar zijn verhalen. In het 'hier en nu' te blijven is de droom van het schijnbare ik en zijn spirituele leraren. Echter, zonder verhaal te zijn is geen bevrijding. Het is een korte adempauze in de ervaring van 'ik ben'.

~

De ervaring iemand te zijn gaat gepaard met een stille ontevredenheid. Een subtiel gevoel dat er iets ontbreekt. Dat er nog iets gevonden zou moeten worden. Dit hoort onlosmakelijk bij de ervaring van persoon te zijn. Dit dilemma kan nooit binnen deze ervaring worden opgelost, omdat deze hele ervaring niet bestaat.

Dat leven en dood illusoir zijn, hiertoe heeft 'ik ben' geen toegang. 'Ik ben' is de droom. 'Ik heb een leven' is de droom. 'Ik zal sterven' is de droom.

~

De hoop op vervulling is de droom. Ieder aanbod van verwerkelijking gooit olie op het vuur van de zoektocht. Zolang er de illusie bestaat dat 'ik het kan bereiken', zien we over het hoofd hoe pijnlijk dit spel van hopen, zoeken en (tijdelijk) vinden is.

~

Het schijnbare ik droomt al deze dingen te doen of te zijn. In werkelijkheid doet 'ik ben' geen van deze dingen. Het leeft in de illusie verantwoordelijk te zijn voor al zijn handelingen.

Hulp is er op elke hoek. Sommige dingen werken misschien een tijd lang. Werkt het niet meer, gaan we op zoek naar iets anders. 'Ik ben' noemt dit 'ontwikkeling'. Wat zich daarin echter nooit verandert, is de set up van 'ik ben', van 'ik ervaar iets', van 'wat ik ervaar is niet genoeg' en 'ik moet het vinden'.

~

Dingen zijn leeg. Voor het schijnbare ik, dat gelooft te zijn omringd door echte dingen, is dit beangstigend. Het verliest iedere oriëntatie. Het verdrinkt. En het wil niet sterven. Nooit, behalve in absolute wanhoop, zou het schijnbare ik voor de dood kiezen. Dat zou de bekentenis zijn van onbevredigd te sterven. Dat zou het nooit doen. Dat hoeft ook niet. Het gebeurt - schijnbaar - of niet.

~

Vanuit het perspectief van 'ik ben' is het daadwerkelijk sterven. Het verliest alles, inclusief zichzelf. Het goede nieuws is dat dit zelf helemaal niet bestaat. Er gaat dus niets verloren.

Wat hier gezegd wordt overstijgt het ik. Er is 'horen', een soort resonantie, een 'ja' op het gehoorde. Maar ook dat is onpersoonlijk en heeft met het schijnbare ik niets van doen.

~

Indien het schijnbare ik al zoekend naar een leraar gaat, en de leraar geeft hem iets - een antwoord, een doel, een oefening - leeft het schijnbare ik op en loopt stralend van vreugde naar huis. Ook de leerkracht is gelukkig, hij heeft immers kunnen helpen. Dit versterkt een hiërarchische kloof. Stort het 'ik' eenmaal in, stort dit spel ook in.
Er blijft niets over.

~

Er is geen levenswijze betreffende non-dualiteit. Het schijnbare ik hoort de boodschap, verondersteld deze te begrijpen en probeert dienovereenkomstig te handelen. Het voelt zich vermalen tussen het beeld dat het heeft van eenheid en dat wat schijnbaar gebeurt.

Gevoelens zijn dat wat schijnbaar gebeurt, en
daarmee eenheid zelf.

~

De ervaring van tijd wordt niet vervangen door een
ervaring van tijdloosheid. Tijdloosheid wordt niet
ervaren. Er bestaat eenvoudigweg geen tijd.

~

Er is geen ontkomen aan dat wat schijnbaar gebeurt.

Het einde van 'ik ben' is de dood van iets dat nooit heeft bestaan. In het sterven, in de laatste uitademing, wordt duidelijk dat er nooit iets heeft geleefd. Er bestaat niets dat kan sterven.

~

Er is 'enkel' dat wat is. Dat is 'het'. Er is niets meer.

~

Wat is, is zonder besef. Het is noch goed noch slecht, noch evolueert het zich. Het is zichzelf - tijdloos, ruimteloos, vrij en zonder 'ervaren'.

Niemand komt vrijwillig naar deze bijeenkomsten. Alleen diegene die niet anders kan, blijft hier hangen. Zou ergens anders hoop bestaan, zou je daar zijn.

~

Er zijn geen mensen, er is geen geschiedenis, geen continuïteit. Er bestaat geen werkelijk verloop in de tijd. Er is noch jij, noch een moment waarin je zou kunnen aankomen. Niets gebeurt.

~

Verlangen maakt deel uit van de droom afgescheiden te zijn, de droom iets eigens te zijn: een persoon die afgescheiden is van liefde.

Niemand kan uit de droom ontwaken.
Diegene die wil ontwaken is de droom.

Grote dank aan Dietmar Bittrich voor zijn hulp bij het samenstellen van de citaten en voor de illustraties, Christine Rabus voor het transcriberen, Maria Pätzold voor het proeflezen, Nadine en Soham en Tony en Claire Parsons.

Veel dank ook voor de vertaling naar Wim Snijders

Over de auteur

Andreas werd in 1979 in Ludwigsburg geboren.
Na enige jaren van spiritueel zoeken ontmoette hij
in 2009 Tony Parsons.
"Eerst was ik gechoqueerd. Hoewel ik al veel wist
en had beleefd, was dit iets nieuws en onverwachts.
Plotseling hoorde ik zonder reden wat Tony zei.
Al snel was het onweerlegbaar: er is niemand."

Sinds 2011 geeft Andreas lezingen en
retraites over de hele wereld.

www.thetimelesswonder.com

**Andere boeken van Andreas vertaald naar het
Nederlands:**

"Vrijheid" – 03.01.2019
ISBN 9784848137368

"Eén zien, één weten, één liefde" – 30.03.2022
ISBN 9783755732563

"Alles is Zijn" – 13.09.2022
ISBN 9789493228924

"Taverna Lentas" – 05.12.2022
ISBN 9783756859856

"Leegte is Vorm, Vorm is Leegte" – 09.12.2024
ISBN 9783769319798